Dieses Buch kann alleine lesen:
_____

Jungs-Abenteuer
zum Lesenlernen

Geschichten von Ursel Scheffler
mit Bildern von Günther Jakobs

Die **LESEMAUS** ist eine eingetragene Marke des Carlsen Verlags.

Sonderausgabe im Sammelband | ISBN: 978-3-551-06628-8
© Carlsen Verlag GmbH, Völckersstraße 14–20, 22765 Hamburg 2016
Der schwarze Pirat und seine Bande © Carlsen Verlag GmbH, Hamburg 2013
Achtung, Überfall auf die Ritterburg! © Carlsen Verlag GmbH, Hamburg 2013
Kleine Indianer, große Abenteuer © Carlsen Verlag GmbH, Hamburg 2013
Illustration der Lesemaus: Hildegard Müller | Umschlagkonzeption: Karin Kröll
Umschlagillustration und Vorsatzpapier: Günther Jakobs
Lesemaus-Redaktion: Anja Kunle
Druck und Bindung: Livonia Print, Riga | Printed in Latvia

**Lesemaus-Bücher gibt es überall im Buchhandel und auf www.lesemaus.de.
Newsletter mit tollen Lesetipps kostenlos per E-Mail: www.carlsen.de**

Inhalt

9 Der schwarze Pirat und seine Bande

35 Achtung, Überfall auf die Ritterburg!

61 Kleine Indianer, große Abenteuer

86 Lesen lernen mit der Lesemaus

Der schwarze Pirat und seine Bande

Überfall auf die Hafenstadt

„Zu Hiiiilfe! Piraaaten! Piraaaaten!",
brüllen die Wachen auf der Stadtmauer.
„Es ist der Schwarze Korsar!"
Da stürmen die Seeräuber schon an Land.
Sie nehmen mit, was sie kriegen können:
Goldmünzen, Silberschmuck, Weinfässer,
kostbares Salz, Speck und Würste.
Auch einige kräftige Seeleute und Fischer
nehmen sie gefangen.

Zum Abschied werfen die Piraten Fackeln auf Häuser und Schiffe.
Als die Soldaten des Sultans anrücken, ist der Schwarze Korsar mit seiner Bande längst auf und davon. Viele Häuser und die Schiffe im Hafen stehen in Flammen.

Es dauert über ein Jahr, bis sich
die Stadt am arabischen Meer
von dem Überfall erholt hat.
Die Häuser werden repariert und
der Sultan lässt neue Schiffe bauen.
Die sind jetzt startklar zur Piratenjagd.
Vor dem Hafenbüro drängen sich
mutige Männer, die anheuern wollen.

Der kleine Moses ist auch dabei.
Er will nach seinem Vater suchen,
den die Piraten entführt haben.
„Piraten jagen? Du? Hahaha!",
spottet der Hafenmeister.
„Wir brauchen Männer,
keine Knirpse!"

„Ärgere dich nicht!", flüstert eine Stimme hinter Moses. „Du kannst mit mir Piraten jagen! Ich habe einen Plan, bei dem es wichtig ist, dass jemand kleiner ist als diese Männer. Kannst du gut klettern und segeln?"
„Als Sohn eines Fischers habe ich das Segeln fast vor dem Laufen gelernt und auf einen Mast klettere ich schneller als ein Affe!", versichert Moses.
„Dann komm mit!", sagt der Fremde.

Er geht mit dem Jungen zu einer Hütte
auf der Klippe und sagt:
„Mein Name ist Salomo. Ich bin Kaufmann.
Der Schwarze Korsar hat meine Schiffe
gekapert und meinen Laden abgebrannt.
Diese Hütte ist alles, was mir geblieben ist."
„Und ich heiße Moses. Die Piraten haben
meinen Vater geraubt! Hilfst du mir,
ihn wiederzufinden?"
„Ich will es versuchen", sagt Salomo.

Salomo breitet eine Seekarte aus und zeigt auf eine Insel. Sie hat die Form einer Schildkröte.

„Hier ist das Nest der Piraten. In einer Festung über den Klippen! Dort sind auch ihre Gefangenen."

„Und wie ist dein Plan?", fragt Moses gespannt.

„Ich brauche nur dich und das Schlafpulver in diesem Beutel", sagt Salomo.

„Damit werden wir die Piraten überlisten. Komm mit auf mein kleines Schiff! Unterwegs erzähle ich dir alles."

Der Wind bläst kräftig in die Segel.
Schon am Mittag kreuzen Salomo und
Moses vor den Klippen der Pirateninsel.

Leserätsel

Was sagt der Hafenmeister zu Moses?

 G̶ Knirps

 F Regenschirm

 H Seepferdchen

Die Insel hat die Form einer

E Blockflöte.

 O̶ Schildkröte.

I Hummerkrabbe.

Was braucht Salomo für seinen Geheimplan?

S Schießpulver

 L̶ Schlafpulver

 F Juckpulver

Was hat der Schwarze Korsar gemacht?

- [ ] T Er hat Kapern gefischt.
- [x] D Er hat Schiffe gekapert.
- [ ] S Er hat Austern geschlabbert.

Die Buchstaben neben den richtigen Antworten verraten dir die Lieblingsbeute von Piraten:

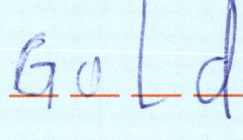

Der geheime Plan

Salomo wirft auf der Rückseite der
alten Festung den Anker aus.
In der Wand des mächtigen Turms ist
eine winzige Öffnung zu sehen.
„Das ist das Fenster zur Vorratskammer!
Kannst du da hineinklettern?", fragt Salomo.
Moses nickt mutig.
Salomo gibt ihm den Beutel mit dem Pulver.
„Schütte alles in das große Weinfass!"

Moses klettert geschickt hinauf und schlüpft durchs Fenster. Es dauert endlos lange, bis er zurückkommt!
„Puh, das war knapp", schnauft er. „Als ich beim Fass war, kam der Koch! Zum Glück holte er Zwiebeln und keinen Wein!"
„Den Wein gibt es erst heute Abend. Da feiert der Schwarze Korsar Geburtstag", sagt Salomo. „Jetzt heißt es abwarten. Auch wenn es schwerfällt."

Tatsächlich schleppen die Piraten das Weinfass bei Einbruch der Dunkelheit zum Lagerfeuer auf den Klippen und beginnen zu feiern.
Sie lärmen und grölen.
Aber sie werden nicht müde!
„Warum wirkt das Schlafpulver nicht?", flüstert Moses besorgt.
„Piraten vertragen mehr als andere Leute", beruhigt ihn Salomo. „Nur Geduld!"
Endlich gähnt ein Pirat. Dann noch einer und noch einer.

Es ist fast Mitternacht, als der letzte
Seeräuber einschläft. Endlich ist es still.
Lautlos wie eine Katze schleicht Moses
zum Lagerfeuer und schnappt sich
die Schlüssel, die am Gürtel des
Schwarzen Korsaren hängen.

Salomo schließt die Tür zum Kerker auf
und ruft den Gefangenen zu: „Psst! Kommt
schnell! Ihr müsst uns helfen, die Piraten
zu überwältigen. Dann seid ihr frei!"
Die überraschten Männer folgen ihm.
Die Starken helfen den Schwachen.
Im Nu sind die schlafenden Piraten gefesselt.
Auch wenn der eine oder andere knurrt,
wacht keiner auf.
Das Schlafmittel hat gewirkt!

Dann folgen die Männer ihrem Befreier
auf das Schiff. Nach einer knappen Stunde
sind alle Mann an Bord.
„Da kommt noch einer!", ruft Moses.
„Er schleppt einen riesigen Sack!"
„Ich muss noch an Bord", keucht der Mann.
Dann fällt er erschöpft auf die Planken.

„Die Stimme kenne ich!", ruft Moses
und sein Herz klopft schneller. „Papa?"
„Moses, mein Junge!", antwortet eine
matte Stimme. Wortlos nehmen sie sich
in den Arm.
„Du weinst ja, Papa!", sagt Moses.
„Ist das ein Wunder? Ich habe befürchtet,
dass ich dich nie mehr wiedersehen
werde."

„Was hast du denn in dem Sack, Papa?",
fragt Moses. „Der bewegt sich ja!"
„Ein Geschenk für den Sultan", antwortet
sein Vater. „Es wird ihm gefallen!"
Neugierig öffnet Moses den Sack.
Und darin steckt ...

Leserätsel
Welches Geheimnis steckt im Sack?

Die Buchstaben, die auf dem richtigen Weg zur Insel liegen, verraten es dir!

Der Schwarze Korsar!

Infoseite
Piraten früher und heute

Piraten gibt es schon, solange es die Seefahrt gibt. Sie überfallen Schiffe und Küstenstädte, rauben wertvolle Waren und manchmal sogar Menschen.

Nach der Entdeckung Amerikas im Jahr 1492 gab es besonders viele Seeräuber. Sie lauerten den Handelsschiffen auf, die Waren nach Europa brachten.

Auch heute werden Schiffe noch immer überall
auf der Welt von Seeräubern überfallen, besonders
an den Küsten vor Somalia.
Das afrikanische Land gehört zu den ärmsten
Ländern der Erde. Seit vielen Jahren herrscht dort
Bürgerkrieg.

Vor allem die Armut treibt die Menschen dazu,
sich Piratenbanden anzuschließen.
Sie kapern Schiffe und nehmen die Seeleute als
Geiseln, um Lösegeld zu erpressen.

Lösungen

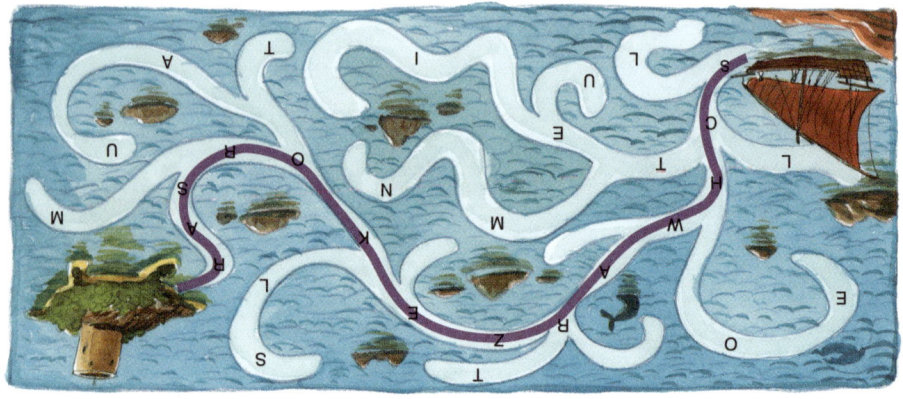

S. 18/19
Der Hafenmeister sagt „Knirps" zu Moses.
Die Seekarte hat die Form einer Schildkröte.
Salomo braucht Schlafpulver für seinen Geheimplan.
Der Schwarze Korsar hat Schiffe gekapert.
Die Lieblingsbeute von Piraten ist **GOLD**.

S. 28/29
Der **SCHWARZE KORSAR** steckt im Sack.

Achtung, Überfall auf die Ritterburg!

Die Ritter ziehen in den Kampf

„Seht doch! Da kommen sie!", ruft Ritter Richard von Rabeneck und deutet über die Burgmauer ins Tal hinunter.
Eine Reiterschar mit bunten Wimpeln und Bannern prescht heran.
Man hört Trommelwirbel und Fanfaren.

Richard schnallt seinen Harnisch fest und ruft: „Sitzt auf, Männer! Wir dürfen den Kaiser nicht warten lassen!"
Eine Schar bewaffneter Männer, darunter auch der Burgschmied und der Koch, reiten hinter Ritter Richard den Berg hinunter. Sie wollen sich dem Feldzug anschließen.
Ihre Frauen und Kinder winken ihnen lange nach.

Vom Tal aus blickt Ritter Richard noch einmal sorgenvoll zur Burg hinauf.
Er lässt Rabeneck ungern ohne männlichen Schutz zurück.
Auf seinen Sohn kann er nicht zählen.
Ulrich ist erst acht Jahre alt.
Ein kluger Junge, aber klein und schmal wie ein Hänfling.

Aber dann tröstet Ritter Richard sich:
Was soll schon passieren?
Die Burg ist von dicken Mauern umgeben
und die Tore sind sturmfest.
Wenn der Lehnsherr zum Kriegszug ruft,
darf man nicht zögern.
Richard gibt seinem Pferd die Sporen.

Marie, die schwangere Köchin, wischt sich mit der Küchenschürze die Tränen weg. Sie streicht über ihren Bauch und seufzt: „Wer weiß, ob das Kind seinen Vater jemals sehen wird?"
Burgherrin Agnes versucht, sie zu trösten, obwohl ihr selbst zum Heulen zumute ist. Jetzt ist sie für das Leben auf der Burg verantwortlich.

Agnes atmet tief durch und ruft ihren beiden Kindern zu: „Uli und Anna, verriegelt das Tor und legt den Balken vor!" Dann wendet sie sich an die anderen:

„An die Arbeit! Macht weiter wie immer! Marie wird uns bestimmt gleich etwas Wunderbares kochen!"

Agnes geht mit Anna in die Kemenate
im Haupthaus, dem Palas. Dort sind
die Mädchen fleißig bei der Arbeit.
Sie spinnen, weben, malen und sticken.
„Ich brauche eure Hilfe", sagt Agnes ernst.
„Wir haben keine Wachsoldaten mehr.
Daher müssen immer zwei von euch die
Nachtwache auf dem Turm übernehmen!"

„Das machen wir gern", versichern die Mädchen.
„Dafür dürft ihr tagsüber faulenzen!", verspricht Agnes und lacht.
„Es ist warm. Ihr könnt oben auf dem Turm schlafen. Und meldet mir jedes verdächtige Geräusch!"
„Das klingt nach Abenteuer!", ruft Anna begeistert. „Ich will auch Nachtwache machen!"
„Du darfst bei mir schlafen, solange Papa fort ist", antwortet ihre Mutter.

Leserätsel

Was gibt Ritter Richard seinem Pferd?

- STE Er gibt ihm Hafer.
- MIT Er gibt ihm die Sporen.
- ROM Er gibt ihm Ohren.
- VOR Er gibt ihm Saures.

Was machen die Mädchen in der Kemenate?

- ANT Sie kämmen sich.
- EIN Sie machen Unsinn.
- TEL Sie spinnen.
- STI Sie singen.

Was schieben Uli und Anna vor das Burgtor?

AT	einen Bollerwagen
(AL)	einen Balken
ZE	drei Schweine
BE	einen Backofen

Auf der Burg hört man ...

ZER	Autos hupen.
UNG	Ritter pupen.
(TER)	Fanfaren tuten.
NIS	Pferde husten.

Die Buchstaben neben den richtigen Antworten verraten dir, in welcher Zeit diese Geschichte spielt: im Mittelalter

Überfall auf die Ritterburg

Als der Mond über dem Rabenwald aufgeht, treten drei finstere Gestalten aus dem Schatten der Bäume.
Es sind Spione des einäugigen Sven, des Anführers einer wilden Räuberbande.
„Sie sind weg!", zischt der erste Räuber. „Kein einziger Mann mehr auf der Burg!"
„Dann wird Svens Plan klappen", sagt der zweite. „Wir klettern über die Mauer und rauben, was wir kriegen können."

„Und ein paar hübsche Mädchen dazu",
lacht der dritte. „Rache ist süß!
Schließlich hat Sven beim Kampf
mit Ritter Richard sein Auge verloren!"
„Ja!", schnaubt der erste Räuber. „Das
zahlen wir diesem Ritterpack heim!"
Die drei Räuber verschwinden im Wald
und machen sich auf den Weg zur Schlucht,
wo die Bande ihren Schlupfwinkel hat.

Es ist eine warme Sommernacht.
Uli liegt auf einer Decke unter der Linde
im Burghof. Er sieht in den Sternenhimmel
und träumt davon, selbst ein Ritter zu sein.
Tapfer, stark und mutig. Aber da muss er
wohl noch ein ganzes Stück wachsen.
„Kannst du auch nicht schlafen, Uli?",
fragt seine Schwester Anna, die mit ihrem
Hund Lanzelot die Treppe vom Palas
herunterkommt. „Lanzelot jault dauernd.
Vielleicht will er uns warnen?"

Jetzt verdunkelt eine Wolke den Mond.
Man hört den Ruf eines Käuzchens.
„Ich werde mal nach den Wächtermädchen
sehen", sagt Uli. „Vielleicht fürchten sie
sich allein da oben!"
Er steht auf und geht zur Turmtreppe.
„Du bist jetzt der einzige Mann auf
der Burg", sagt Anna.
„Ich weiß", nickt Uli. „Und das raubt mir
den Schlaf."

„Ich habe Schatten gesehen",
flüstert ein Mädchen und deutet
zum Rabenwald hinüber.
„Das sind Räuber!", wispert Uli.
„Die denken bestimmt, wir sind wehrlos",
seufzt das Mädchen.
„Das sind wir nicht!", sagt Uli entschlossen.
„Anna, weck Mama und die anderen!
Beeil dich! Ich habe einen Plan!"

Als die Burgbewohnerinnen auf dem Hof versammelt sind, erteilt Uli leise Befehle. „Holt die Strohpuppen vom letzten Turnier! Bringt Fackeln und Töpfe in den Rittersaal! Schafft heißes Wasser und Gülle herbei! Die Räuber werden versuchen, an der niedrigsten Mauerstelle einzudringen! Dort werden wir sie erwarten!"
Agnes und Anna holen die Strohritter und stellen sie in die Fenster des Rittersaals. Die Frau des Schmieds schleppt Fackeln herbei. Die Köchin schiebt den großen Wasserkessel über das Herdfeuer.

Die Räuber versuchen, mit Leitern die Mauer
zu erklimmen, wie Uli vermutet hat.
Sie bekommen einen heißen Empfang!
Kochendes Wasser und stinkende Gülle
werden über ihren Köpfen ausgeschüttet.
Plötzlich ist der Rittersaal hell erleuchtet.
Männer mit klirrenden Waffen stehen
in den Fenstern! Die Räuber können nicht
ahnen, dass es nur Strohmänner sind und
der Lärm von aneinandergeschlagenen
Töpfen kommt.

„Ihr Idioten! Die Burg wird von bewaffneten
Männern geschützt!", faucht der einäugige
Sven seine Leute an. „Nichts wie weg!"
Fluchend wischt er das stinkende
Begrüßungsgeschenk von der Stirn,
das Anna aus einem Nachttopf
über ihm ausgekippt hat.
Hastig ergreifen die Räuber die Flucht.
„Gut gemacht, meine kleinen Ritter!",
sagt Agnes, als die Gefahr vorüber ist.
Sie nimmt ihre Kinder in den Arm.
„Papa wird stolz auf euch sein."

Leserätsel

Was kippen die Burgbewohner über die Mauer?

- T grüne Äpfel und Birnen
- Ⓝ heißes Wasser und Gülle
- V faules Obst und Gemüse
- H Fleißige Lieschen und Radieschen

Wie heißt Annas Hund?

- U Butterbrot
- Ⓐ Lanzelot
- E Mäusetot
- O Weizenschrot

Was stellt Agnes in die Fenster des Rittersaales?

- T Klomänner
- M Geranien
- (P) Strohmänner
- S Kastanien

Wo schlafen die Wächtermädchen?

- E vor dem Burgtor
- (P) auf dem Turm
- L auf der Mauer
- F im Pferdestall

Die Buchstaben neben den richtigen Antworten verraten dir, wie ein Junge heißt, der zum Ritter ausgebildet wird:

K N a P P E

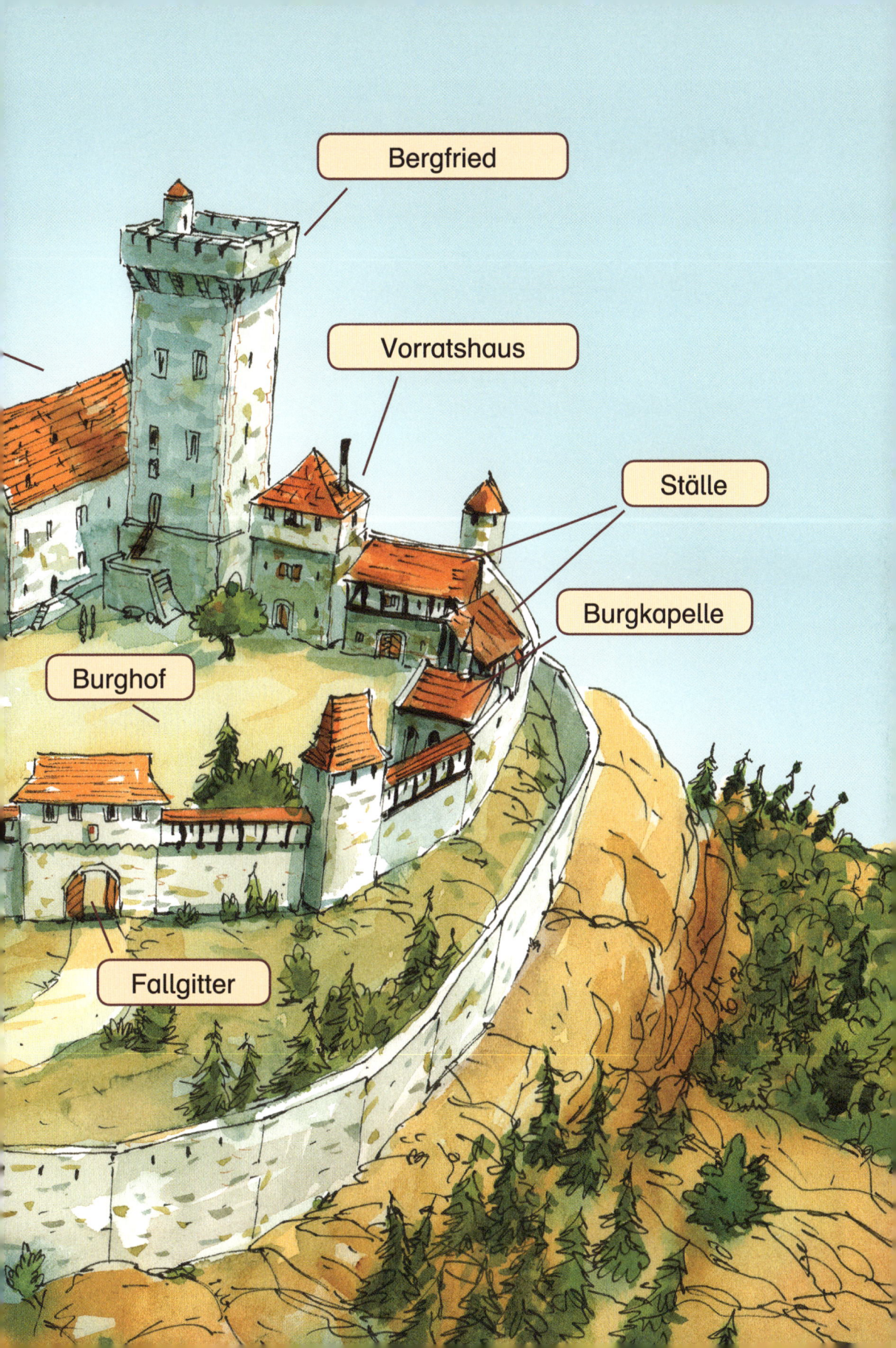

Lösungen

S. 44/45

Ritter Richard gibt seinem Pferd die Sporen.
Die Mädchen in der Kemenate spinnen.
Uli und Anna schieben einen Balken vor das Burgtor.
Auf der Burg hört man Fanfaren tuten.
Die Geschichte spielt im **MITTELALTER**.

S. 54/55

Die Burgbewohner kippen heißes Wasser und Gülle über die Mauer.
Annas Hund heißt Lanzelot.
Agnes stellt Strohmänner in die Fenster des Rittersaales.
Die Wächtermädchen schlafen auf dem Turm.
Ein Junge, der zum Ritter ausgebildet wird, heißt **KNAPPE**.

Kleine Indianer, große Abenteuer

Im Dorf der Indianer

Die Sonne brennt heiß herunter auf
das Dorf der Hopi-Indianer.
Seit Wochen hat es nicht geregnet.
Kleine Wolke sitzt im Schatten einer dürren
Kiefer und flicht einen Korb.
Sie ist die beste Korbflechterin im Dorf,
sagt Weise Eule. Das ist die alte Medizinfrau,
die alle Indianer des Stammes wegen ihrer
Klugheit verehren.

Das Lehmhaus, in dem Kleine Wolke lebt,
ist vor die Höhlen einer Felsenwand gebaut.
In den Felsenwohnungen ist es im Winter
schön warm und im Sommer kühl.
Die Lehmhäuser haben mehrere Stockwerke.
Es gibt aber keine Treppen, sondern Leitern.
Wenn man sie abends hochzieht, ist man
vor Überfällen gut geschützt.

In der Kiva, dem Versammlungshaus des Stammes, haben die Männer gerade zwei wichtige Beschlüsse gefasst: Es soll ein Regentanz stattfinden, bei dem sie sich mit Masken und Federn als „Geister der Ahnen" verkleiden und die Götter um Regen bitten wollen.

Und es sollen die Diebe verfolgt werden, die
in der Nacht fünf Pferde gestohlen haben.
„Das waren bestimmt Navajos!
Die schnappen wir uns! Kommt, Freunde!
Mir nach!", ruft Häuptlingssohn Große Zunge.
Die jungen Indianer stürmen hinaus,
um ihre Pferde zu holen.

„Wie gern käme ich mit!", denkt Kleine Wolke, als die Indianerjungen davonreiten. Sie ist ein wenig verliebt in den Häuptlingssohn. Den Namen „Große Zunge" hat er bekommen, weil er im Kreis der jungen Indianer immer das große Wort führt.
„Ist er nicht mutig?", fragt Kleine Wolke ihren kleinen Bruder.
„Schon", sagt Halber Mond. „Aber er ist ein schrecklicher Angeber!"
„Da hast du Recht", seufzt Kleine Wolke.

„Nun aber los, wir müssen noch Kräuter für Weise Eule sammeln."
Sie verscheucht einen frechen Truthahn, nimmt ihren Korb und macht sich mit ihrem Bruder auf den Weg.
Die kleinen Felder hinter dem Dorf sehen traurig aus. Die magere Ernte von Mais, Bohnen und Kürbissen wird im Sand vertrocknen, wenn nicht bald Regen kommt!

Kleine Wolke sammelt Agaven, Wüstensalbei und andere Heilpflanzen in ihrem Korb.
Sie weiß genau, wo sie suchen muss, denn sie ist schon als kleines Mädchen mit Weise Eule losgezogen und hat von ihr viel über die Heilkraft der Pflanzen gelernt.
„Halt! Nicht weiter als bis zur Schlucht", ruft Kleine Wolke, als Halber Mond vorausläuft.
„Dort ist Navajo-Gebiet! Das ist für uns gefährlich."

Aber dann hören sie Hilferufe! Kleine Wolke sieht vorsichtig in die Schlucht hinunter. Oje! Da liegt Große Zunge. Sein Pferd ist fortgelaufen. Kleine Wolke entdeckt es in der Ferne. Das Pferd sucht am ausgetrockneten Flussbett nach Wasser. „Ich komme, Große Zunge!", ruft Kleine Wolke und klettert in die Schlucht.

Leserätsel

Was macht Kleine Wolke?

- [S] Sie flickt eine Socke.
- [P] Sie flicht einen Zopf.
- [F] Sie flicht einen Korb.

Wie heißt das Versammlungshaus der Hopi?

- [R] Kiva
- [L] Kaba
- [T] Kiwi

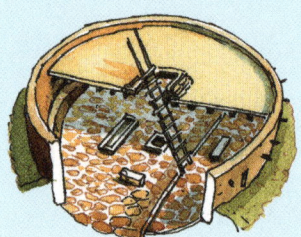

Was wurde in der Nacht gestohlen?

- [EI] zwei Kühe
- [IE] fünf Pferde
- [EU] drei Schweine

Wie heißt der Häuptlingssohn?

- [T] Große Lunge
- [D] Große Zunge
- [S] Großer Junge

Wie heißt Kleine Wolkes Bruder?

- [A] Halber Mund
- [O] Halber Hund
- [E] Halber Mond

Die Buchstaben neben den richtigen Antworten verraten dir, was „Hopi" bedeutet:

_ _ _ _ _

Kleine Indianer, große Taten

„Ich wollte die Abkürzung durch das Flussbett nehmen!", sagt Große Zunge kleinlaut. „Dann trat mein Pferd in ein Bienennest und scheute.
Ich stürzte herunter und die Biester fielen über mich her. Jetzt kann ich kaum sehen!"
Er blinzelt mit den geschwollenen Lidern.
„Weise Eule wird dir helfen", sagt Kleine Wolke. „Wir müssen schnell zurück ins Dorf! Ich hole dein Pferd."

Es gelingt ihr, das Pferd mit einem saftigen Agavenstück anzulocken.
Große Zunge klettert hinauf und jammert:
„Ich kann nichts sehen!"
„Ich führe dein Pferd", sagt Kleine Wolke.
„Ich will auch reiten!", ruft Halber Mond.
„Gut, dann kommen wir schneller voran!", sagt Kleine Wolke und hilft ihrem Bruder ebenfalls aufs Pferd. Und dann traben sie ins Dorf zurück.

„Wenn Kleine Wolke dich nicht gefunden hätte, sondern die Navajos, was dann?", schimpft Weise Eule verärgert.
Die Medizinfrau legt dem Häuptlingssohn Zwiebelscheiben auf die Bienenstiche.
Die Zwiebeln treiben Tränen in seine Augen.

„Ich denke, ein tapferer Krieger weint nicht?",
sagt Weise Eule und lächelt.
„Mistbienen!", flucht Große Zunge.
„Es soll dir eine Lehre sein, kleine Gegner
nicht zu unterschätzen!", sagt die kluge
Medizinfrau.

Da kommen die anderen Indianerjungen von der erfolglosen Jagd nach den Pferdedieben zurück.

„Wir hatten schon Angst, die Navajos hätten dich gefangen!", ruft Schwarzes Pferd. „Wolltest wieder schneller sein als wir", schimpft Flinker Hirsch. „Du alter Angeber! Das hast du nun davon!"

Schwarzes Pferd grinst. „Da brauchst du für den Regentanz gar keine Maske mehr.

Du siehst schon schrecklich genug aus!"
Ein besonders gemeiner Bienenstich
lässt die Lippe des Häuptlingssohns
dick anschwellen.
Und schon hat Große Zunge seinen
neuen Spitznamen weg: Dicke Lippe!

Der ganze Stamm ist versammelt, als am nächsten Tag der Regentanz beginnt. Die „Geister der Ahnen" kommen aus der Kiva und tanzen im Takt der Trommeln. Keiner weiß, wer hinter den Masken und Federkleidern steckt.
Ein Indianer hinkt ein bisschen. Aber das bemerkt nur Kleine Wolke.

Die anderen sehen zum Himmel hinauf,
an dem hellgraue Wolken heranziehen.
Dunkler und dunkler werden sie.
Und dann beginnt es zu regnen.
„Die Götter haben uns erhört!", jubelt
Häuptling Grauer Adler und hebt
die Hände zum Himmel.
„Es war an der Zeit", sagt Weise Eule.

Leserätsel

Was stimmt?

P	Kleine Wolke lockt das Pferd an.
R	Kleine Wolke pflockt das Pferd an.
A	Halber Mond will streiten.
U	Halber Mond will reiten.
E	Die Medizinfrau heißt Weise Eule.
T	Die Medizinfrau heißt Dicke Beule.
B	Große Zunge hat Zwiebeln auf den Augen.
S	Große Zunge hat Bohnen in den Ohren.
Z	Ein Indianer stinkt beim Regentanz.
L	Ein Indianer hinkt beim Regentanz.
O	Am Himmel ziehen graue Wolken heran.
N	Am Himmel ziehen blaue Wolken heran.

Die Buchstaben neben den richtigen Sätzen verraten dir, zu welchem Indianervolk die Hopi gehören: zu den __ __ __ __ __ -Indianern.

Findest du die Namen der Indianer heraus?

Flinker _ _ _ _ _ _

Halber Mond

Grauer _ _ _ _ _ _

Weise Eule

Schwarzes Pferd

Kleine Wolke

Wie kommt Kleine Wolke zu dem Pferd?

Infoseite

Die Hopi-Indianer

leben heute noch in Nordamerika im Staat Arizona. Sie gehören zur Gruppe der Pueblo-Indianer. Im Gegensatz zu den Prärie-Indianern, die mit ihren Tipis umherziehen, leben sie in festen Dorfgemeinschaften.

Ein Pueblo (= spanisch für Dorf) besteht aus vielen Lehmhäusern. Die Häuser haben meist mehrere Stockwerke und sind oft an Felswände gebaut.

Die Hopi-Indianer lebten vom Ackerbau. Auf dem kargen Boden bauten sie vor allem Mais, Kürbisse und Melonen an.

Die Hopi sind ein friedliebendes Volk. Trotzdem hatten sie oft Streit mit ihren Nachbarn, den kriegerischen Navajos.

Die Kiva

Kivas sind die Rundhäuser der Hopi-Indianer für Versammlungen und Zeremonien. Sie sind halb oder ganz in die Erde gebaut. In der Mitte des Hauses ist eine Feuerstelle. Im Boden ist ein kleines rundes Loch, aus dem die Geister der Ahnen aus der Unterwelt nach oben kommen können, so glauben es die Hopi seit alter Zeit.

Bei ihren Tänzen verkleiden sich die Hopi-Indianer mit Federn und Masken als Geister, die sie Kachinas nennen. So bitten sie die Götter um Regen oder gute Ernte.

Lösungen

S. 70/71
Kleine Wolke flicht einen Korb.
Das Versammlungshaus der Hopi heißt Kiva.
In der Nacht wurden fünf Pferde gestohlen.
Der Häuptlingssohn heißt Große Zunge.
Kleine Wolkes Bruder heißt Halber Mond.
"Hopi" bedeutet FRIEDE.

S. 80/81
Das stimmt:
Kleine Wolke lockt das Pferd an.
Halber Mond will reiten.
Die Medizinfrau heißt Weise Eule.
Große Zunge hat Zwiebeln auf den Augen.
Ein Indianer hinkt beim Regentanz.
Am Himmel ziehen graue Wolken heran.
Die Hopi gehören zu den PUEBLO-Indianern.
Die Indianer heißen Flinker HIRSCH, Halber MOND, Grauer ADLER, Weise EULE, Schwarzes PFERD und Kleine WOLKE.
Auf Weg A kommt Kleine Wolke zu dem Pferd.

Lesen lernen mit der Lesemaus

Liebe Eltern,

alle Kinder wollen Lesen lernen. Sie sind von Natur aus wissbegierig. Diese Neugierde Ihres Kindes können Sie nutzen und das Lesenlernen frühzeitig fördern. Denn Lesen ist die Basiskompetenz für alles weitere Lernen. Aber Lesenlernen ist nicht immer einfach. Es ist wie mit dem Fahrradfahren: Man lernt es nur durch Üben – also durch Lesen.

Lesespaß mit Lesepass

Je regelmäßiger Ihr Kind übt, desto schneller und besser wird es das Lesen beherrschen. Eine schöne Motivation kann unser 10-Minuten-Lesepass sein.
Das Trainingsprogramm mit Sammelpunkten erfordert nur kurze Leseeinheiten von 10 Minuten. Das Sammeln macht Kindern Spaß und motiviert sie von Anfang an. Den Lesepass finden Sie kostenlos zum Download unter carlsen.de/lesepass.

Wie können Sie Ihr Kind beim Lesenlernen unterstützen?

Je positiver Kinder das Lesen erleben, desto motivierter sind sie, es selbst zu lernen. Versuchen Sie, Ihrem Kind ein Vorbild zu sein. Zeigen Sie Ihrem Kind, dass Lesen

und Schreiben zum Alltag gehören. Etablieren Sie gemeinsame Leserituale. So erfährt Ihr Kind: Lesen macht Spaß!

Lesen Sie Ihrem Kind mindestens bis zum Ende der Grundschulzeit vor. Auch wenn Ihr Kind zunehmend eigenständig liest, bleibt das Vorlesen ein schönes und sinnvolles Ritual.

Lesen lernen mit der Lesemaus

Jedes Kind lernt unterschiedlich schnell lesen. Orientieren Sie sich bei der Auswahl von Erstlesebüchern daher an den Interessen und Lesefähigkeiten Ihres Kindes. Die Geschichten sollen Ihr Kind fordern, aber nicht überfordern. Die Lesemaus zum Lesenlernen bietet spannende und leicht verständliche Geschichten für Leseanfänger. Altersgerechte Illustrationen helfen, das Gelesene zu verstehen.

Mit lustigen Leserätseln können die Kinder ihre Lernerfolge spielerisch selbst überprüfen. Außerdem gibt es in jedem Band interessante Sachinfos für Jungen und Mädchen.

Ihnen und Ihrem Kind viel Spaß beim Lesen!

Lesen lernen in kleinen Schritten

Der Leselern-Prozess vollzieht sich über längere Zeit und in mehreren Schritten. Genauso differenziert wie dieser Prozess sind die Erstlesebücher mit der Lesemaus. Umfang, Wortschatz, Schriftgröße, Text-Bild-Verhältnis der Geschichten und das Niveau der Leserätsel sind optimal auf die verschiedenen Phasen des Lesenlernens abgestimmt:

Bild-Wörter-Geschichten – mit Bildern lesen lernen

- Erste Geschichten mit Bildern statt Wörtern für Leseanfänger
- Große Fibelschrift
- Wenig Text, viele farbige Bilder
- Auch ideal zum gemeinsamen Lesen: Das Kind ergänzt das Wort, wenn ein Bild kommt.

Geschichten im Dialog – zu zweit lesen lernen

- Kleine Geschichten zum Vor- und Selberlesen
- Lesen im Dialog – das Erfolgskonzept zum Lesenlernen
- Eltern lesen die linke, Kinder die rechte Seite
- Große Fibelschrift, hoher Bildanteil

Geschichten zum Selberlesen – Lesekompetenz üben und festigen

- Einfache Geschichten für Erstleser, die schon längere Texte lesen können
- Klare Textgliederung in Sinnabschnitte
- Viele farbige Bilder zur Veranschaulichung
- Leserätsel zum Textverständnis

Extra Lesetraining – vertiefende Methoden zum Lesenlernen

- Spannende Geschichten für Leseanfänger
- Bewährte didaktische Konzepte
- Einfache Sätze, klare Gliederung
- Leserätsel zur Erfolgskontrolle

Silbenmethode

Vereinfachte Ausgangsschrift

Ein (fast) per

Alarm! Anton braucht einen Plan: Seine Fußballmannschaft **muss das nächste Spiel** gewinnen. Und das geht nur mit seinem **besonderen Glücksball**, glaubt Trainer Torsten. Als **bester Spieler** muss natürlich Anton auf den Ball aufpassen. Er versteckt ihn im **besten Versteck der Welt**. Aber plötzlich ist der Ball **futsch**. Alter Falter! Und Anton kann **überhaupt nichts** dafür! Also **fast** nichts...

LESENLERNEN MIT SPASS!

- Für Leseanfänger ab 6
- Kurze und einfache Sätze
- Viele lustige Comic-Kritzelbilder
- Große Fibelschrift

fekter Held ...

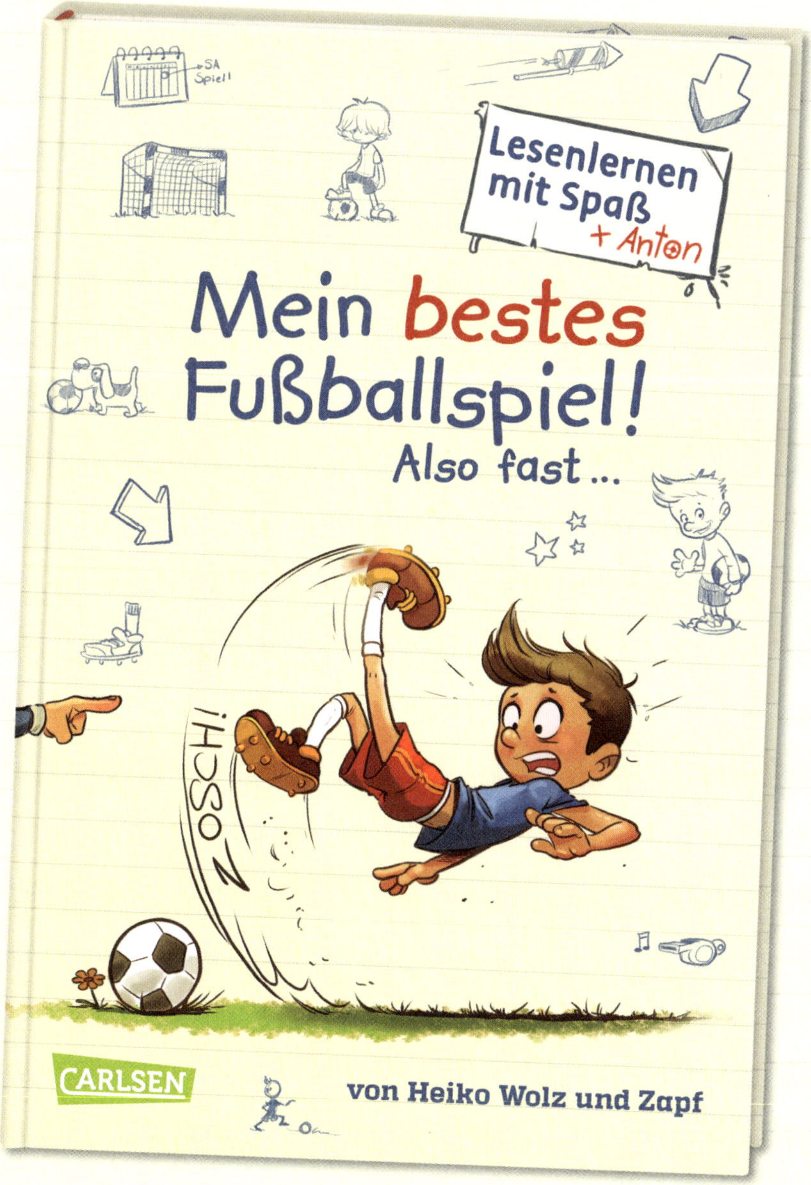

Lesenlernen mit Spaß + Anton

Mein bestes Fußballspiel!
Also fast ...

von Heiko Wolz und Zapf

CARLSEN

ISBN 978-3-551-06830-9

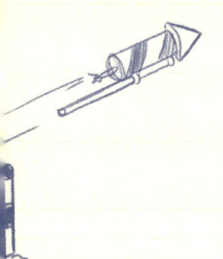

www.carlsen.de

Noch mehr Sammelbä...

Erste Geschichten zum Lesenlernen
ISBN 978-3-551-06616-9

Schreibschrift-Geschichten zum Lesenlernen
ISBN 978-3-551-06622-0

Ponyhof-Geschichten zum Lesenlernen
ISBN 978-3-551-06621-3

Mehr Bücher und Leselern-Extras auf www.lesemaus.de!

...de zum Lesenlernen

Starke Geschichten zum Lesenlernen
ISBN 978-3-551-06617-6

Neue Tiergeschichten zum Lesenlernen
ISBN 978-3-551-06619-0

Neue Silben-Geschichten zum Lesenlernen
ISBN 978-3-551-06618-3

3 Bände in 1 nur € 5,-

LESEMAUS zum Lesenlernen

www.carlsen.de